ENTRE AMORES Y POESÍA

ENTRE AMORES Y POESÍA

Maura Manero

Valparaíso
EDICIONES

VALPARAÍSO POESÍA

Diseño de interior y maquetación: Chari Nogales
www.charinogales.com *@chari_nogales*
Imagen de portada: Maura Manero

Primera edición: junio de 2025

© De los poemas: Maura Manero

© Valparaíso Ediciones
C/ Fray Leopoldo, 7 bajo, 18014 Granada
www.valparaisoediciones.es

ISBN: 979-13-87538-39-2
Depósito Legal: GR 480-2025

Impreso en España - *Printed in Spain*
Gráficas Gami

Para los que sobre piensan todas las noches,
y sobre aman todos los días.

DÚOS

Compleméntame,
cose tu piel a mi piel,
que es abrigo;
llena mi vaso
medio vacío
con el tuyo
medio lleno;
sé el aire de mis respiros
y yo de los tuyos.
Pongámonos
de acuerdo,
de pie
y serios;
pero sobre todo,
pongámonos.
Deshojémonos los pétalos,
desnudándonos.
Declarémonos la paz,
para que ella nos declare
la guerra nocturna.
Bebe mis carcajadas,
llénate la boca sin prisas.
Cuenta conmigo,
cuando quieras empezar de cero.
enséñame a leerte

la mirada
para presumir que leo
el mejor libro del mundo.
Pon en venta tus miedos,
y comprémonos,
cumplámonos,
desordenémonos.
Habla sobre mi café
en tu desayuno,
combatamos lo imposible.
Mis páginas a blanco y negro,
las llenaste de color.
Completémonos,
sé la última vez
de mi última vez,
y luego,
después de tanto,
olvidémonos,
como se olvida el primer recuerdo
y empecemos de nuevo
hasta que convirtamos el amor
en un círculo,
que no deje nunca
de girar
a nuestro alrededor.

RUTINAS

Nos empezamos a convertir
en rutina.
Mirándonos con ojos de cansancio,
de no saber convivir
como lo solíamos hacer.
Nos comimos el mundo
en un minuto,
dejando la eternidad
con sobras
y desganas.
Nos creíamos únicos,
Cuando simplemente
    éramos
       iguales.
Me empezaste a ver con otros ojos,
opacos,

      repetitivos.
Tu admiración y amor hacia mí
se te cayó a la vuelta de la esquina,
y se te olvidó agarrarlo.

Tu tacto,
    insípido,
igual,
    se saltó
mi piel.
Se te olvidaron
las ganas y los sueños,
con los que pactamos empezar
y terminar.
Se te olvidó oírme
y empezaste a solo escucharme.
Se te olvidó mirarme el alma
y no solo a los ojos.
Y a mí,
se me olvidó cómo era
    antes de ti,
antes de la tragedia.

VIDA

No eres el amor de mi vida,
porque la vida es muy corta
para limitar lo que yo siento por ti.
Eres el amor de mi eternidad,
de mi universo,
de mi tiempo
y de mi espacio.
Eres el amor de mis sueños,
de mis metas,
de mis suspiros.

Eres el amor de mis ilusiones,
de mis lágrimas
y de mis besos.
No eres el amor de mi vida,
pero amarte,
es aprender que yo también
puedo ser amada.
Amarte, es aprender a vaciar mi bolsa
y caminar más ligera.
Es creer,
volar.
Amarte
se convirtió en mi poesía

en mis
        versos
y mi
        métrica.

No eres el amor de mi vida,
porque mi vida dejó de ser
        mía
desde aquel primer instante
en el que supe que te
        amaba.

LÍMITES

Necesitaba llegar a este límite
donde me destrocé
en
    mil
    pedazos,
donde me miro en el espejo
y no me reconozco.
Para por fin decidir,
que es momento
de
dejarte ir,
y así,
volver a construir
    y deconstruir
las veces necesarias,
hasta que logre ser
la persona que era
antes
de tu
        desastre natural.

VER

La realidad me hizo ver,
que   *
  no
    estás
       aquí
porque no quieres.
Y así,
dejé de culparme
por tus pocas ganas de ser parte de mí,
por no sentir que tu mundo
se paraliza
con mis
    besos.
No estás aquí,
porque no quieres.
Y al fin, dejé de culparme
por tus
    errores.

RECUERDO

Tu recuerdo
vuelve
  a mi cama por las noches,
y mi dolor solo grita
  para ser visto,
    para ser recordado,
      para ser protegido,
      para ser cuidado,
      para ser amado.
¿Cómo seré capaz de explicarle que ya no?

SUSURROS

Tengo aquí
al corazón susurrándome tu nombre
cuando yo solo lo quiero gritar
a los cuatro vientos,
porque quisiera que ellos
resuenen con tu nombre,
que el mundo sepa
que te amo sin necesidad de dar explicaciones.
Quiero que me escuche el cielo
    y la luna,
        y las estrellas,
            y las nubes.
Te amo,
    porque sí,
Te amo,
    cuando no.
Te amo cuando ríes,
    cuando callas,
        cuando lloras.
Te amo
    como la sonrisa
        a la vida,
    como el zopilote
        al aire,
    como la mariposa

a la primavera,
como la primavera
al calor.
Te amo,
como duda
a la respuesta,
te amo,
ante todas
mis preguntas,
te amo,
por si tenías la duda.

MIEDO

Después de la ira,
después de la negación,
incluso después de la aceptación a medias,
viene
     el miedo continuo.
Miedo que me da
a seguir sin ti.
Miedo a aceptar,
que nuestro
     "Por siempre"
tuvo fecha de caducidad.
¿Dónde quedará lo bueno en la vida
sin el destello que provocaba tu sonrisa?
¿A dónde se van los besos que te di en la frente?
¿A dónde van los abrazos que sanaron mi alma?
¿A dónde va el amor cuando se muere?
Y es que,
     si el amor
es la respuesta a la incertidumbre de la vida,
¿Cuál es la respuesta a la incertidumbre del amor?
Me da miedo pensar
que a pesar de que sé que no volverás,
     te conservo la fe.

Que a pesar de que tu ausencia me partió en dos,
te guardé una mitad,
para que te quedes ahí,
toda la eternidad.

APRENDER

Y es que sigo aprendiendo
a contar todas esas
    estrellas
que caen sobre mi
    espalda
cuando el cielo se me viene
    encima.
Preguntándome si es así,
como se forman todos mis
    lunares.
Sigo aprendiendo a convertirme en
    espacio,
cuando el peso del mundo me hace sentir
    chiquita,
        diminuta.
Sigo aprendiendo a quitar la mano del
    fuego
cuando el incendio
ya no me quiere mirar a los
    ojos.
Pero, sobre todo,
sigo aprendiendo
a comenzar a llamarme
    casa,

en lugar de
      parada,
en lugar de
      un espacio que solo habitas de paso,
que
   no
     te
      quedas.

VEN

Ven, con todo y quejas,
con todo
   y penas.
Ven,
con esa mirada radiante,
y esos ojos
   galaxia.
Ven,
que te invito
al otro lado del mundo,
para tomarnos un
   café
o de las
   manos.
Ven,
para sentarnos en silencio
o
   hablar.
Ven,
para protegernos
de las noches delirantes,
de las canas
y del
   tiempo.

Ven,
ahora,
que mi alma
te tiene la puerta
    abierta,
y
 mi
    pecho, taquicardia.

POESÍA

Ella se enamora de las distracciones,
de las
    imperfecciones,
encontrándolas
transformándolas
casi
    poéticas.
Así, sus ojos encuentran
la
    belleza
donde otros apenas voltean,
relatando el arte oculto
en lo cotidiano
en
  lo
    insólito.

PARA TI

Esto será lo último que escriba de ti,
no porque ya no te quiera,
sino porque hablar de nosotros
es como hablar de un
        fantasma,
uno que no se quería ir,
que incluso,
intentó
        volver,
pero fue demasiado tarde.

Ojalá que si te vuelve a llegar un amor así,
        lo cuides,
porque el amor de verdad,
no se guarda para

        después.

MADRID

En las calles de
  Madrid,
dejé mis
   letras
junto con mis
   anhelos
de
  volver
   a
  ser.

LISTA DEL SÚPER:

Cosas que aprendí de un corazón roto:
—Que te duele todo el cuerpo, no solo el pecho.
—Que puedes querer mucho a alguien, y aún así no tener razones suficientes para quedarte.
—Que extrañar no significa querer tener de vuelta.
—Que siempre voy yo primero.
—Que nunca más volvería a aceptar las mismas cosas que una vez me rompieron.
—Es mejor irse y hacer falta, que estar sin significar nada.
—Que un corazón roto está lleno de amor.

DESPEDIDAS

Es momento de despedirse
de todos esos fantasmas
de los recuerdos y los pecados.
De esos pasados
que no se cumplieron,
de los "te extraño" sin regreso,
de las disculpas que no fueron suficientes,
de la culpa que no deja de mirarme,
del deseo prohibido,
de los planes que se volvieron condena,
de los silencios que no quise escuchar nunca,
de las caricias que lastiman,
de los murmullos que no dejan dormir,
del vacío que se tornó más grande que nosotros.
Hoy es momento de dejar ir.

NUNCA MUERAS

"Los que viven en el recuerdo, nunca mueren"
me lo repito sin cesar,
y me abrazo a la idea
de verte en cada atardecer
con cada lluvia tropezando en mi ventana,
y me promete
  vida
    a
su
    paso.

HOGAR

Para mi abuelo, el amor de mi vida

Cometí el error,
de construir
   mi
casa
en tu existir,
   y hoy,
no sé a dónde ir,
cuando la vida
me pesa.

AUSENCIA

Tu ausencia
aunque no lo creas
tiene
tanta
    vida
que a veces
hasta platico con
    ella.

CRIMEN

Me terminaste por
matar,
   quemaste
todo eso que habíamos
construido.

Pero no te preocupes
que aprendí a renacer
de esas

   cenizas.

EN UN POEMA

Cuado menos lo esperé,
te encontré en un
  poema
y en
  acantilados,
de esos que llevo dentro.
Ahí entendí,
que por eso disfruto escribir en el
día
y saltar por las
noches.

TODA LA VIDA

Y es que no busco quien me quiera para toda la vida,
busco quien me ame en todas mis muertes.

INSOMNIOS

Cada insomnio te escribo,
y cada mañana pienso
que
deberría dejar
de hacerlo.
Porque ya no sé,
si sigues siendo parte de mí,
o solo te volviste rutina.
(costumbre pegajosa de querer que vuelvas).

MUROS

De tanto amar
    a muros de piedra
me he visto en la obligación
de amar con sigilo,
con un ojo siempre alerta,
    abierto,
y con la maleta
siempre hecha
para huir
antes de que
    huyan.

LISTA NO. 1

Esa última persona en perdonarme.
Un refugio para todas las ausencias.
Contar mis caídas.
La que vive en los recuerdos para no habitar mi presente.
Un espejo para todos esos que verdaderamente
no saben verme.
El miedo a bailar simplemente por no conocer la canción.
Los cuentos que hablan los náufragos en el océano.
Las preguntas que nunca se atreven a hacer.
El viento que se lleva todo.
Una novela narrada en tercera persona.
Una persona de paso.

CARTAS

Te escribo esta última carta,
esta,
en la que finalmente me despido.
Te dejo ir con el día,
con el minutero
y con el
    año.
Dejo ir,
todos nuestros años.
Qué milagro el
haber coincidido,
el habernos conocido.
Fuiste puente,
 fuiste alegría,
  fuiste refugio,
   fuiste calma,
    fuiste amor,
     fuiste familia.
Gracias por todo lo que vivimos.
Gracias por tantos recuerdos
  compartidos.
Te dejo libre,
aunque tus
  alas

siempre hayan sido
  tuyas.
Vuela mucho,
  vuela lejos,
   vuelta alto.
Sé que no volveremos a encontrarnos,
pero tampoco estaré
  buscándote.
A nuestros caminos
ya les tocaba
  separase.
Aquí te guardo
y te guardaré siempre,
con mucho amor,
  mucha paz
   y mucha gratitud.
Hasta que una de nuestras próximas vidas
nos junte de
  nuevo.
  A las estrellas
y de regreso,

Siempre.

MAR

¿Dónde termina el mar
  y dónde comienza el olvido?
Rescato de mi memoria
un perfume
a miles
 de millones
 de granos de arena,
que se clavan con fiereza
en mis labios
y en mis cejas.
Tú no te cansabas de repetirme
que eras persona de
 mar,
pero la playa
no es hogar para los seres
sin
 rumbo.
Las olas
 nunca fueron enemigas
que acechan la tierra,
sino tristes mercancías
del viento
 y de la luna,
esclavas
y vagabundas
 sin voz.

LÁGRIMAS

Quiero aprender de ti,
a diferenciar
  las lágrimas
de las gotas de lluvia,
pero siempre termino
con el rostro
sumergido
  en el océano,
convencido de que una salpicada
de ola
  podía ser el abrazo
que me faltaba
  para recuperar
la cordura.

PECADOS CAPITALES

Los pecados capitales
nos hicieron
dejar de brillar,
dejar de intentar.
El cuerpo,
  las ganas,
   los miedos,
    las cuentas,
     el hambre,
      el frío,
       el cansancio.

POSIBILIDADES

Una escalera es una
posibilidad
carente de
         recuerdos.

EXTRAÑAR

Hoy,
esta noche,
volteé al cielo
y le susurré
   que te extraño,
y las estrellas resplandecieron
como si ellas
   entendieran.
Quién sabe,
 quizá sepan
   en su soledad

      qué es extrañar algo.

MAÑANAS

Considero
que a veces
está bien extrañar
    de a ratos.
Y hoy te extraño.
Eso es todo.
Déjame extrañarte hoy,
mañana ya te seguiré
olvidando.

ROTOS

He aprendido,
con el tiempo,
que la gente rota,
rompe
personas,
cosas,
promesas.
Y la gente sana,
sana
personas,
cosas,
promesas.
Pero qué osadía
de romper
a quien
te está sanando.

AUSENCIAS PAULATINAS

Odié la distancia,
pero también entendí
que te prefería a ti a
    9075 kilómetros
de distancia
que a cualquier
otra persona
    a un centímetro.

¿AMOR?

Si tú piensas que el amor
es una cosa sencilla,
déjame decirte
que te equivocas.
El amor a veces
es complicado,
   jodido,
      punzante.
A veces es distancia,
punto y aparte,
es esperar,
   delirar,
      derribar.
Dicen que si es amor,
no duele,
pero qué error
hay en eso.
No es que no tenga que doler,
es que la vida
   así como el amor
es una montaña rusa,
habrá veces
   que te marees,
      pero ahí es
cuando más hay que aguantar.

El amor
no es fácil,
 joder,
es estar,
cuando otros prefieren huir,
por el simple hecho
de que tienes la corazonada
que será infinito.
El amor,
simplemente
se siente.

TODOS LADOS

Me la pasé
escribiendo
por todos lados,
en hojas en blanco
y paredes vacías,
   lo mucho que te quiero,
estabas en los tickets,
   en las servilletas,
      en los libros,
         en los papeles que me daban
por las calles,
porque se sentía
como que cualquier
espacio en blanco
era para eso,
para contarle cómo
mi corazón
   es tuyo,
entero
y para toda
la vida.

UNA VEZ AL MES

Parece que quisieras
que te amara
a medias,
menos de lo que
te amo
para hacerlo
como tú quieres.
   pero,
ya estoy grande para amar
 a mitades,

 si alejarme
es lo que te mantiene de pie
 en mi vida,
prefiero irme de verdad
y no amarte
   de mentiras.
Porque para el corazón,
sacrificar un gramo
de amor
en un mundo
de guerras
es inexplicable,
aunque para la razón

sea una
certeza.
Elegir un camino diferente
significa abandonar
    el que conozco,
y empezar a andar
por uno
que no sabría
a dónde me lleva.
Y por eso es que
alejarse
siempre
    duele.
Pero la realidad
aquí
es que
    ninguna planta
saca flores
si se olvida
    de regarse,
o con suerte
    una vez al mes.

ESPERARTE

Dejé de esperarte,
de guardar
ese poema que dijiste
que escribiríamos juntos.
De imaginar ese
inexistente
final
que prometías posible.
Dejé de regar
las flores de este jardín,
nuestro amor,
y me di cuenta
que las habías remplazado
hace
mucho.
Sigo perdida en aquellas calles
de
promesas
que no supimos cumplir
dentro de la
ilusión
de girasoles que plantamos
en nuestras
cabezas

convenciéndonos de que
sería posible.
Que
éramos posibles.
Y es que el riesgo
de un amor de flores
reales,
es que
no importa
cuánto las cuide
    uno,
inevitablemente
siempre
terminarán
    por marchitarse.

RESTOS

Este pequeño sitio,
en el que solíamos hablar,
está empezando
a quedarse
vacío.
Descansan en ella,
restos de una última fiesta,
las toallas del baño,
    galletas de la fortuna
        que auguraban un futuro,
unas canciones
        que no nos dio tiempo de escuchar,
        algunas cartas de amor
no leídas,
un par de fotos
y cenizas.
Nada,
    realmente,
que se pueda rescatar.

RESBALAN

Los recuerdos
viven incrustados
en mi cabeza,
como si fueran
una enfermad terminal.
Quisiera
poder olvidar
  los ratos felices
porque no puedo volver a ellos.
Porque no los puedo sujetar,
  se resbalan como el agua de la lluvia,
como
la arena
y
  el tiempo.

BRISA

Cierro los ojos
        inhalando nostalgias,
compartidas

        de corazones perdidos
        y solitarios
ávidos de un mundo mejor.

COSTA

Quiero perder
todos los miedos al mar,
a no ver la salida,

a las olas,
a la nariz bajo el agua,
a no poder respirar.

LULLABYS

El amor
es como
una canción
     de cuna.

CREYENTES

Nunca he sido fiel creyente del destino,
ni en nada que me haga pensar
que no me eliges entre
   toda esta gente,
que no me miras así por ser yo,
   aquí,
en la habitación que nos atrapa.
Te elijo porque no soy capaz de quitar mi vista de ti,
porque algo tira de mí
entre tanto enredo de hilos dirigiéndose sin sentido
   hacia algún lugar.

UN BUEN POEMA

Solo quiero
escribir un buen poema.
    Uno en el que pueda
   hablar de amor,
  sin el miedo
a perderlo.

CUERPO

Al fin aprendí,
a tocar mi cuerpo
    pacientemente,
con el perdón que se merece.
Pongo mis manos sobre todo eso
que ocultaba,
  que odiaba,
sobre esa carne
que intentaba esconder.
Trato de escuchar
  y sanar
con cada respiración.
Porque entiendo,
que siempre quiso
    pasar su vida conmigo.
Nunca una alianza necesaria.
  nunca nadie más fiel.
  nada más real.

OLVIDOS

Cuando partió sentía que su voz seguía habitando en mí. Permanecía nítida en mi cabeza, de la misma manera que las frases que me decía para hacerme sentir mejor cuando me acercaba a buscar alivio o un refugio. Sabía lo que diría en cada situación y cómo actuaría, las caras que pondría, lo que le enfadaría. Eso me consolaba de una manera sorprendente, porque lo que él era, lo que me hacía sentir, se quedó en mí. Se había ido, pero su alma siempre estaría arraigada en mí. También me agarré al consuelo de que al irse se había evaporado su dolor. Se marchaba su dolor y se quedaba su esencia. Pero a pesar de mi capacidad de disociar y esquivar penas, la vida real siempre te da un toque. Su voz dejó de sonar con claridad en mi cabeza; eso que llaman echar de menos cobró un significado totalmente distinto al que conocía hasta entonces. No es lo mismo echar de menos un lugar al que sabes que puedes volver, que echar de menos algo que ya nunca va a ser.

ESTAR

Quiero estar contigo,
no por el miedo
a la soledad
que muchos le tienen,
o la presión
que ejerce el tiempo,
ni un simple
deseo.
   Quiero estar contigo,
con toda la determinación,
la valentía
y el amor que se requiere
para compartir algo más
   que los días,
  y la vida.

VIDA

Eres la persona
que quiero en mi vida,
lo he confirmado,
cada día que pasamos
juntos,
en cada
risa compartida,
no me imagino
en otro lado,
o tomando una mano
que no sea la tuya,
eres la persona
que quiero en mi vida,
puedo dudar de tantas cosas,
    pero nunca
de eso.

RÍO

Llórame,
llórame un río de ausencias
   en esta vida
que está llena de silencios y maletas.
Me dejas aquí,
en el eco del pensamiento
donde deja de existir el tiempo
   y el infinito es un calendario
escapándose de finales.
A veces la vida
   es sencilla,
pero otras,
   a diferencia,
me siento tan rota
      que ningún cuerpo
         podría hacer
hoguera del hielo.

AGUAS SALADAS

Tuve que aprender
a sobrevivir
en aguas
en las que nunca antes
    nadé.
Claro que no soy la misma.

VIENTO

Le regalaré al viento
todos esos besos
    que guardé para ti
esperando así,
    tocarte.

SI EL AMOR

Si el amor es hogar:
No quiero caminar de puntitas en mi propia casa.
Quiero dejar la ropa, pero sobre todo los miedos en el suelo.
Quiero cuidar las plantas para que crezcan y nunca
    marchiten.
Quiero irme temprano de la fiesta y llegar emocionada a
    la casa.
No quiero ignorar las goteras.
Quiero guardar mis inseguridades en el armario, porque
ellas también merecen un espacio.
Quiero llenar los estantes de libros, de memorias, de
besos y de abrazos para todos esos días nublados.
No quiero usar maquillaje, quiero estar en paz.
Quiero dejar la puerta abierta y sentirme segura.

RIESGOS

Y es que aún no me atrevo,
a amar el sonido

    de la luz
en horas muertas.
O los colores
    del tiempo
en muros abandonados.
En mis miradas,
lo he perdido todo.

SOMOS

"Somos de quien nos escribe"
escuché murmullos,
pero pienso que
  somos de quien nos entiende,
de quien luego nos explica,
también.
  Somos de quien nos sabe
acariciar,
de quien nos trata con dulzura,
de quien encuentra hermoso
cada defecto,
cada marca,
cada cicatriz.
  Somos de quien nos pone en prioridades,
de quien nos regala su tiempo,
de quien nos da libertad.
  Somos de quien nos ama
y nos protege,
aún con rasguños,
caídas
y heridas.
  Somos de quien nos besa bonito,
de quien nos besa salvaje,
de quien siempre nos va a besar.

Somos de quien ama
todo de nosotros,
nuestra esencia,
de quien no quiere cambiar realmente ni un centímetro,
de quien conoce todo,
nuestros errores,
nuestros tropiezos,
y aún así, se quiere quedar.

QUERER

Yo no quiero que me quieran
                en el fondo,
donde reposa todo eso
que permite hundirse,
lo que pesa demasiado,
donde se guardan los
                miedos.
Yo no quiero que me quieran
en el fondo,
yo quiero que me quieran
                a mi altura.
En la superficie,
sobre la piel,
donde se notan los
                besos
y se marca el amor.
Yo quiero que me quieran
en lo más alto,
                en el cielo,
junto a las nubes,
donde la lluvia
serpentea la
                superficie.

SUERTES

Cuando solía
hablar de la suerte,
no me imaginaba
que llevará tus
                    ojos,
que susurrará
con tu
            voz,
ni mucho menos,
que me tomará de la mano
                    como tú.
Pero
supongo que al final de cuentas,

                    la suerte
es eso,
    una persona,
    una sonrisa,
        un café,
        un amor
o simplemente

un intervalo de
   tiempo
que empieza de la
   nada
y puede durar
toda la vida.

SIN ÉL

Y ojalá que
cuando te encuentres
sin él,
puedas pisar el suelo
y andar por tu vida en control.
Ojalá que cuando estés lejos,
puedas sentir en tu pecho
la vida comenzando,
la vida que debes aprender a ver.
Hay suspiros que
 reconfortan,
  que vivifican,
así como
aquel que florecerá
cuando estés
sola,
y aun así,
la vida la sientas
justa.
Y entonces,
sabrás que en realidad
no
 estás
  sola.

CELEBRACIONES

Considero que necesitamos
agradecerle más

a la vida,
sonreír donde una vez
se lloró,
celebrar nuestras manos
a todo eso
que aprendieron
a sostener
y todo eso que tuvieron
que soltar,
recordar a quien te hizo
sentir paz,
a mitad de nuestra peor
guerra.

CORAZÓN

Yo solo quiero acurrucarme
en estos escombros
para poder llamarlos

    hogar,
hacer de este vaso roto
un corazón de
    primavera.
Pero
¿Qué pasa si no me sé nacer de nuevo?
tengo una ciudad
    fantasma
viviendo en el pecho,
guardando así como una promesa
que canta tu nombre
y se escapa de tus recuerdos,
donde estoy yo,
pero no estas tú,
solo está
un corazón apuñalado.

INCENDIOS

Mi amor solo sabe
vivir
incendiado,
palpitante,
brillante,
nunca en la sombra,
siempre con intensidad,
mi amor no se disfraza
ni se esconde en el silencio,
pero mi amor incendia
y ese incendio
también
me termina quemando a mí.

COMPLICACIÓN

A veces siento
que soy
    difícil de querer
porque yo amo
con la extensión
    de la palabra
cubriendo cada letra.
Yo amo
como un lugar en el cual creer
cuando ya no queda esperanza.

Yo amo
como un poema tatuado en mis labios,
una religión de la que decido ser devota
aún si soy,
atea.

SOLEDAD

Probablemente,
le tengo miedo
    a estar sola
porque puedo vivir
    sin tu ausencia,
pero aún no me acostumbro
a mi
    presencia.
Probablemente,
me he acercado tanto al
sol
en busca de calor
sin importar que
mi piel ardiera,
y por eso,
me he clavado a
        tormentas ajenas
hasta quedar
perdida en ellas.
Probablemente,
no le tengo miedo a
estar sola,
pero quizás
si me preguntas en un día gris,

confesaré
　　　mi temor a la habitación vacía,
al espejo,
a la sombra de mi cuerpo.
Porque probablemente,
no me aterra
la soledad,
me aterra
no tenerte
mientras muevo la mano
en busca de la
　　　tuya
y no estás.
Me aterra que el
　　　nosotros,
sean un
　　　　tú
y un
　　　　yo
en caminos distintos
y que la soledad
sea la única
　　　　a mi lado.

SENTIR(TE)

Sentir es un
  acto radical,
  de rebelión,
  de liberación.
Llorar en público,
  también.
Moverse por la ira,
  también.
Cuestionar el amor romántico,
  también.
Habitar la tristeza,
  también.
Navegar y naufragar por la incertidumbre,
  también.

ESCRIBIR

Yo no quiero
escribir nada de la alegría,
porque me gusta comérmela,
bocado
a
bocado,
intentar atraparla
con abrazos y besos,
conservarla
en la punta de mis dedos.

FUNERAL

Este es el funeral de todas esas vidas que no fueron,
todas esas vidas,
            grandes
y
chiquitas.
Que no alcanzaron a ser,
pero aún así,
merecen una mención.
Aquellas que con cada decisión y cada vuelta en la
carretera,
dejamos en respiro,
    dejamos morir.
Hoy despido esa vida donde
    fui reportera para el país,
esa vida donde
    hacía café en París,
donde aprendí a cocinar,
donde fui corredora de coches que se estrelló en un
trágico accidente.
Donde tuve una papelería,
donde fui yo en tu casa,
donde no lloraba,
donde fui absolutamente
todo

y
nada.
Estas, y las miles de vidas que no fueron,
las enterramos hoy.
Pero las despedimos sabiendo que las volveremos a ver.
Porque seguramente vivieron en algún lugar.
Recé,
  viví,
    hice mi café,
      me estrellé
y tomé todas las vueltas incorrectas.

ASTROS

Él no creía en los astros,
        ella le suplicaba al universo volvérselo
a encontrar.

Él no creía que todo estaba conectado.

        Ella no creía en que algo los
podía soltar.

A él le gustaba decir que todo fluyera.

        A ella le gustaba planear todo como sería
en un mes,

él nunca supo lo que quería,

        y ella,
se rompió queriendo que fuera él.

RÁPIDO

Una vez que entendí
lo rápido que se rompe
el corazón,
dejé de tenerle miedo,
si se rompe es porque lo diste,
si te duelen los huesos
y el cuerpo,
es porque amaste con eso,
si los ojos no paran de llorar,
es porque estás lleno de amor.
Y no creo que haya algo de malo en eso.
  Rompernos
  y desarmarnos,
  a eso venimos.
Pues nunca me encontré más,
que cuando estaba perdida.
Nunca amé más,
que cuando supe,
lo que era que no te amaran.
Nunca he estado más completa
que ahora,
  que del amor,
    no me da miedo nada.

DOMINGOS

Se dice que los domingos, se inventaron para extrañar. Extrañar eso que queríamos que fuera, y no fue. Extrañarnos a nosotros aquel día que no podíamos dejar de reír. Extrañar a esa persona que amábamos con toda el alma, y que por cosas de la vida, ahora solo es alguien "conocido". Extrañar ese amor bonito, extrañar ese amor tormentoso, extrañar el primer amor, extrañar el amor, me gusta pensar que extrañar los domingos no es malo, sino valiente. Porque a veces, aunque hoy duela todo más un poquito, los domingos nos recuerdan que sentir nunca será malo, y otras veces, con un poco de suerte, nos recuerda que eso que creíamos malo, el domingo pasado, ya no lo sentimos.

MAMÁ

Es verdad que la vida cambia,
    mamá,
que de un rato a otro
pasé del
    "Deja de decirme lo que tengo que hacer"
al
    "Mamá, por favor dime qué hago con todo esto".
parece que de un rato a otro,
    cambié el "No entiendes nada"
por
    "Mamá, es que solo tú me puedes entender".
Cambié todos los
    "Déjame en paz"
por los
    "Por favor, no me sueltes"
pasé de esconderte
todos los secretos,
a pedirte que me los guardes.
Porque es verdad
que la vida cambia,
    pero me alegra saber que a nosotras
no se nos hizo tarde.

AMORES

Elige un amor,
que te elija a ti.
No elijas un amor
que te confunda.
Elige un amor que
te haga sentir emoción,
no uno que te dé ansiedad.
Uno que te haga querer
ser lo mejor,
no uno que te haga dudar si eres suficiente.
Elige un amor, al que quieras entregarte,
no un amor en el que sientas
que no recibes nada.
Elige un amor,
que no tengas que perseguir,
elige un amor,
que te haga saber
que estás en el lugar correcto.

OJOS

Yo te quiero,
así para nunca dejar de querernos,
  para intentarlo
y encontrar siempre la manera,
  para el café,
    el vino
      o el mezcal.
Para todo lo que tenga que ver contigo,
para que pasen los años
  y sigan los besos,
para nunca
dejar de ser románticos,
  ridículos
    o locos.
Para seguirte dedicando canciones
  y poemas todos los inviernos,
para que al final de todo,
y de viejos,
le digamos al mundo
que sí,
  sí se puede estar loco
por los mismos ojos
    una vida entera.

PROMESAS

Te prometo amarte,
sin
(para siempres)
ni
(mientras nos dure)
porque por fin
comprendí que en realidad,
no hay una medida
de tiempo
que nos alcance.

CAOS

En medio
de todo
este
y aquel
caos
que me rodeaba,
apareciste
tú.
Y bueno,
no te diré que el mundo
entero se resolvió.
Pero, en cierto modo,
todo aquello
ya me dio un poco más igual.

PAZ

Estoy haciendo
las paces
con el hecho
de que esa versión
mía
siempre
te va a querer
a pesar
de que la versión
que sea hoy
no pueda.

SUPERVIVENCIA

Cuando solo tienes
voz
para pronunciar:
vuelve, no me dejes,
no puedo...
Te darás cuenta
que no es amor,
es supervivencia.
No te duele él,
te duele todo lo que no ha sanado.
Porque aprendiste
a amar,
a saborear todo eso que es
"amor",
desde el vacío,
lo roto,
   lo que te falta.
Te rompen el corazón
por primera vez,
pero déjame te digo,
que harán falta
cien veces más,
probablemente,
para que puedas llegar
hasta ti.

VERSOS

La poesía,
no elimina
esos caminos que duelen,
no protege el desconcierto,
no frena el desquerer.
La poesía,
no extingue
el miedo,
ni el amor
o la memoria.
La poesía
no llora,
ni arranca la herida,
de ningún jarrón.
La poesía
no consigue que abandones
esta guerra de esperanza
que es
estar lejos de un comienzo
y a la vez,
cerca.

...

Aprende:
No te salva quien te cura con las mismas manos que te dañaron.
No te salva quien te libera, después de haberte encerrado.

AGOTAMIENTO

Mientras mi corazón
siga latiendo,
el amor va siempre
hacia algún lugar.
Los corazones no se rompen,
se agotan.
Los corazones necesitan,
a veces,
descansar.

SANGRE

No es lo que dice
 la sangre,
  el cuerpo,
es lo que susurra el corazón.
Es en quien piensas
cuando pasan cosas buenas,
porque sabes que
 la alegría
se multiplicará.
Es la casa ambulante
 donde viven la armonía,
  los cuidados
  y los detalles.
Donde la calma llega
 cuando por dentro solo existen
  terremotos.
Una columna vertebral
 de humo,
en medio de la nada,
una toma de
raíces y tierra.
Donde el cielo,
 se quedará corto

  por tanto vuelo.

OLEAJES

El mar.
Ese lugar donde
las despedidas
y también los reencuentros
viven para siempre.
Su grandeza
que no es otra
que la de mostrar
nuestra simple insignificancia
y a la vez
hacernos sentir parte
de algo,
algo
tan inmenso.

TARDES

Sigo escribiendo este poema,
por si ya es
  tarde.
Para que
recuerdes
con todo el cariño
el amor desenfrenado
que tú sentiste
por esa persona que creías que
era yo,
o que probablemente sí lo era
cuando nos conocimos.
Escribo este poema,
para que me recuerdes
con la ternura con la que nos mirábamos
ahora que ya sabemos
quiénes somos.
Por si ya no,
ya nunca,
por si
"ya"
es ese futuro
que tanto negaba
sin nosotros.
Escribo este poema en

tú y yo
en otros lugares,
desde donde el presente
ya no acaricia nuestra casa.
Por si
nuestros ojos,
solo ven,
ya no miran,
y los pájaros
que cantan en tu ventana
no son los mismos
que cantan en la mía.

Escribo esto,
por si ya es tarde
y la despedida
ya se dijo,
  las maletas,
    están deshechas,
y la
"maldición del armario sin tu ropa"
como dijo Sabina,
ya se me cumplió.
Por si no logramos
reír a tiempo
ni besarnos a tiempo,
ni acariciarnos a tiempo.
Escribo este poema,

por si ya no,
por si ya es tarde,
algún día.

SILENCIOS

Supongo que ante el silencio,
las respuestas se aclaran,
que el adiós trágico
que estaba a la vuelta de la esquina,
nos rebasó
sin previo aviso.
Que
"la maldición de tu ausencia"
se cumplió confundiendo
mi deseo de un
"para siempre".
Supongo que las ganas,
se quedaron sin ilusiones,
las promesas rotas
cobraron el peso de la herida.
Supongo que la sequía,
llegó a nuestras raíces,
matando todo a su paso.

P.d. Gracias, porque a pesar de todo, siempre nos
convertiré en arte.
P.d. 2 Gracias, porque si no fue en esta vida, rezaré por
que en la siguiente sí.

ÚNICOS

Esta mañana,
creí que llovía.
Pero al abrir la ventana,
y ver seco el cielo,
vi que eras tú,
que ya no volabas,
que te alejabas,
que ya no estabas.
y
ya no pude
conciliar el sueño.

Yo,
que siempre pensé,
que mis besos te hubieran convencido
a ti
de quererme,
a mí
de no dispararte,
pero
cien poemas tristes nunca fueron suficientes
para alguien
que arranca primaveras
al abrir alas,
que
ni siquiera quitarte el frío,

cargarte la espalda,
suspirar en tus labios,
no fue suficiente.
Abrirte mi carne,
para que la llenaras de la tuya,
o llamarte de mil maneras diferentes
con el propósito
de ser únicos,
el uno
para el otro.
El mundo se dio cuenta
de que cada vez que venías
yo adelantaba el reloj
para ver si mi futuro
llevaba tu nombre,
de que te robé todos los relojes
para que así
no agotaras tu tiempo conmigo.
Pero la habitación se llenó
del insomnio que sufren mis sueños
desde que abandonaron tu cama,
y todos los intentos de sostenernos fueron en vano,
de repente
la vida pesaba demasiado
y tú eras más grande
que la lluvia.
Y no fue suficiente para mí,

tuve que deshacerme
   de los segundos
   que dejaban tus minutos.
Así que perdóname
por no conseguir
que fuéramos suficiente.
   Por llenarte el cuerpo de adioses,
vestirme de balas
y dispararte,
por empujarte
hacia el abismo de mis labios
y suicidarte antes
de olerte,
por odiarte un poco
porque llueve
y no vas a aparecer,
porque mi reloj ahora solo me diga
que es hora de marcharme,
      por sacarte de mis ojos
   para poder dormir,
por quedarme.
Perdóname,
por no encontrar otra manera de salvarme
que no implicara abandonarte.
Y aunque esto sea un poema más,
tienes que saber
que abandonarnos ahora
es como dejar inacabado el poema.

Pero recuérdalo,
una vez al día,
las veces que sean necesarias,
te cambiaría por toda la poesía.

LLEGASTE

Entonces llegaste tú,
y dejé de pedir deseos,
de soplar velas,
de perseguir cometas,
de poner alarmas.
Llegaste tú
y los deseos sin cumplir
dejaron de importarme.
Me quedé en deuda con el cielo,
por ponerte aquí.
En medio de mis constelaciones de deseos,
tú lo cambiaste todo.
Dejé de pedirle
coordenadas a las estrellas
y comencé a encontrarlas
en tus lunares.
Los sueños
huyeron por la noche
y me acompañaban durante el día.
En nuestros días.
Mi vida, no sé qué me hiciste,
pero no dejes de hacerlo.
Aún recuerdo la primera vez que me tomaste de la mano,
o tu sonrisa con hoyuelos y nariz arrugada.

Cuando te abriste a contarme tus miedos,
y aprendí a prender la luz de noche
en la oscuridad.
Que el café de la mañana
sabe mejor si tú estás a mi lado,
tus sábanas,
las mías,
tu taza junto a la mía.
Aún recuerdo la primera vez
que nuestros labios
se tocaron,
y hasta la fecha,
sigue siendo igual.
Las duchas,
   las tardes de película,
      las caricias,
         los besos que me diste,
mi vida,
no sé qué me hiciste,
pero no dejes de hacerlo,
porque te quiero,
y siendo sincera,
te escribí todo esto,
para que sepas que desde que llegaste,
dejé de mirar al cielo para pedir deseos,
y comencé a agradecerle,
de tenerte aquí.

CAMINOS

No sé muy bien a dónde voy,
pero le hablaré de ti
a todo lo que me cruce en el camino.
No sé cómo explicarlo,
pero no me pierdo tan seguido
en el laberinto que es a veces
mi mente
si alguien me pregunta por ti,
cuando llego a un camino
sin salida.
Entonces esa es mi promesa,
a las mariposas,
prometo hablarles del latido de tu corazón
y de esas ganas que te dan
de emprender el vuelo.
A las gotas de lluvia,
prometo contarles
que si algún día conocen tu piel,
van a saber lo que es tocar
una respuesta,
sin tener que hacer la pregunta.
A las estrellas,
les contaré que a ti también te salvó la luna,
y que si algún día se encuentran contigo,
lo sabrán por tu mirada,

aprenderán que el mundo entero
puede caer en unos
ojos.
A los árboles
les hablaré de tus raíces
y del refugio que son tus brazos
cuando llueve.
Mientras encuentro
o construyo un hogar,
prometo hacer con mis letras lo posible
para que el mundo sepa que existes,
para que el mundo no te olvide,
en lo que tú también,
vuelves a casa.

SOBRE EL AMOR

Yo no sé mucho del amor,
pero sé de cerrar los ojos
en un baño de sol;
sé de los columpios
y albercas frías:
de un buen sorbo de café
o incluso
disfrutar las gotas de lluvia;
sé de viejos amigos
y nuevas familias;
sé de una mañana en la que
el mundo parecía mío;
sé de tus manos y
cómo curan.
Yo no sé mucho del amor,
pero sé un poco
de amar.

SIN DOLOR

La verdad
es que me da miedo
que tu recuerdo
ya no
        duela,
porque ese
        dolor,
era lo último
que me quedaba de ti,
                de mí,
entonces,
solo a veces,
le clavo las

uñas,
le digo al dolor,
        "Duéleme",
        "No te vayas, todavía",
pero la realidad,
es que ya casi
        se va
igual que tu recuerdo...

LLEGASTE

Llegaste solo para recordarme
que me cuesta más creer
que temer.
Que a veces me tiemblan las manos
o el corazón.
Que la incertidumbre me persigue a la vuelta de la esquina
y que en ratos
todo lo que he caminado
se esfuma.
Si tú no lo puedes ver,
entonces no existe
si tú no me puedes ver,
me cuesta querer existir.
Sus palabras llenas de tristeza
o de pasado
o incluso de una verdad
que solo ha sido mía
son la verdad que intento enterrar,
la razón de esta voz apagada
de estos sueños que, quemados, huelen a cenizas.
Si él no cree, me faltan fuerzas para crear.
Si él no puede ver todo lo que he sido,
todo lo que aún soy,
me convierto en aire que se escapa de mis propias manos.

Él no ve los regalos que llevo dentro,
no siente el peso de mi alma,
y en su afán de protegerme de mis sueños,
cada palabra que pronuncia abre más grietas
en este corazón ya desgastado.

ÍNDICE